La nieve

Grace Hansen

Abdo
EL CLIMA
Kids

abdopublishing.com

Published by Abdo Kids, a division of ABDO, PO Box 398166, Minneapolis, Minnesota 55439.

Copyright © 2016 by Abdo Consulting Group, Inc. International copyrights reserved in all countries. No part of this book may be reproduced in any form without written permission from the publisher.

Printed in the United States of America, North Mankato, Minnesota.

052015

092015

 THIS BOOK CONTAINS RECYCLED MATERIALS

Spanish Translator: Maria Puchol

Photo Credits: iStock, Shutterstock

Production Contributors: Teddy Borth, Jennie Forsberg, Grace Hansen

Design Contributors: Laura Rask, Dorothy Toth

Library of Congress Control Number: 2015941676

Cataloging-in-Publication Data

Hansen, Grace.

[Snow. Spanish]

La nieve / Grace Hansen.

  p. cm. -- (El clima)

ISBN 978-1-68080-352-5

Includes index.

1. Snow--Juvenile literature.   2. Spanish language materials—Juvenile literature.   I. Title.

551--dc23

2015941676

Contenido

Las nubes frías

La nieve viene de las nubes. No todas las nubes producen nieve. Sólo las nubes de nieve pueden hacerlo.

4

Las nubes de nieve están muy frías. Llevan agua dentro, como cualquier otra nube. El agua se forma en **cristales de hielo**.

7

Los copos de nieve producen nieve

Los **cristales de hielo** se hacen más grandes. Pesan cada vez más. Luego caen de la nube de nieve.

Los **cristales de hielo** chocan

unos con otros cuando caen.

Se agrupan para formar

copos de nieve.

11

Los copos de nieve forman la nieve. Los copos de nieve están hechos de agua y mucho aire.

13

Los copos de nieve tienen seis lados. Ningún copo de nieve es idéntico a otro.

copos

15

La nieve mantiene las cosas calientes

La nieve es importante. El invierno puede ser muy frío. Los animales y las plantas necesitan la nieve para mantenerse calientes.

La nieve atrapa el calor de debajo de la tierra. Los animales duermen en sus casas subterráneas durante el invierno. La nieve ayuda a mantener sus casas calientes. Las **raíces** y las plantas también necesitan este calor.

La nieve en la primavera

La nieve **se derrite** en la primavera. Se convierte en agua. Esta agua dulce llena las masas de agua. También ayuda a que las plantas y los árboles florezcan y crezcan.

El ciclo del agua

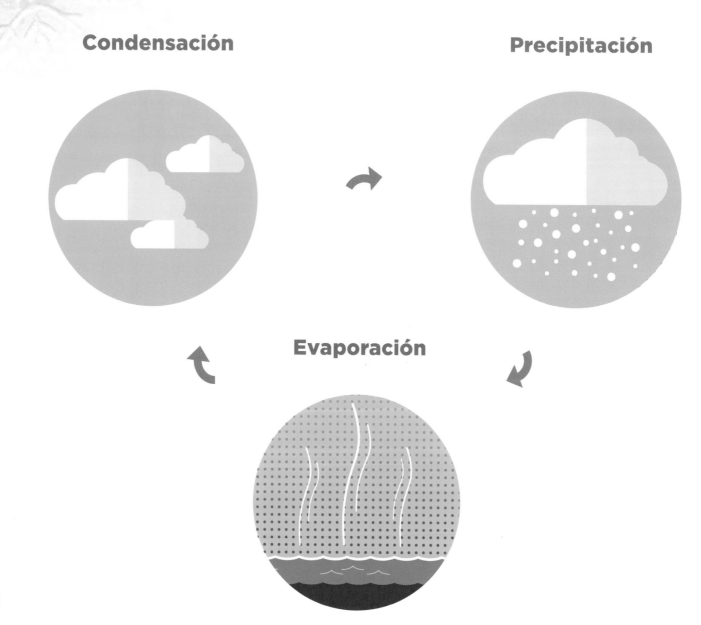

Condensación

Precipitación

Evaporación

22

Glosario

cristal de hielo – cristal de nieve que cae lentamente. Se agrupan para formar copos de nieve.

derretir – cambiar de estado sólido a estado líquido, generalmente debido al calor.

raíz – parte de una planta que normalmente crece hacia abajo en la tierra. Sujeta la planta y la provee de agua de la tierra.

Índice

abdokids.com

¡Usa este código para entrar en abdokids.com y tener acceso a juegos, arte, videos y mucho más!

Código Abdo Kids:
WSK9338